나는 나를 사랑해요

**도서출판
명주**

명주어린이는 지식과 감성을 씨줄과 날줄로
촘촘히 엮어, 21세기를 살아가는 우리 어린이들에게
지혜의 나침반 역할을 할 것입니다.

명주어린이 시리즈 10

학교는 나의 힘

나는 나를 사랑해요

손경애 글 | 최은영 그림

명주

머리말

학교는 정다운 친구 같은 곳입니다!

우리 어린이들은 많은 시간을 학교에서 보냅니다. 친구들과 얘기를 나누고 함께 놀고 공부를 하고….

여덟 살이 되면 거의 모든 어린이들이 초등학교에 입학을 합니다. 처음에는 학교가 낯설고 두렵게 느껴지지만 한두 달이 지나면 같은 반 어린이들과 밥도 같이 먹고, 함께 뛰어놀면서 학교가 마치 친구처럼 편안한 곳이 되지요.

선생님이 초등학교에 다닐 때는 한 반에 거의 100명 정도 되었습니다. 그리고 오전, 오후반으로 나뉘어서 수업을 받았지요. 왜냐하면 한국 전쟁이 끝난 뒤에 많은 아이들이 태어나면서 교실이 많이 모자랐기 때문입니다.

한 반에 100명! 요즘 한 학급에 20명~30명이 대부분인데 정말 많지요? 그래서 선생님은 같은 반 아이들의 이름도 다 외우지 못했답니다. 그래도 아직까지 좋은 기억으로 남아 있는 것들이 많습니다. 다정한 2학년 때의 짝꿍 그리고 집에서 싸 온 점심 도시락을 나무 아래에서 친구들과 도란도란 먹던 일 등입니다. 겨울에는 양은 도시락을 교실 가운데 있는 석탄 난로에 올려놓고 따뜻하게 데워 먹던 생각도 납니다.

50년 정도가 지났지만 아직도 이런 즐거운 추억들이 어제 일처럼 기억이 난답니다.

물론 학교에서 공부를 하고, 시험을 잘 못 보아서 언짢았던 기억들도 있지만 주로 친구들과 운동장에서 놀고, 봄에 소풍을 가서 즐거웠던 따스한 기억들이 더 생각이 많이 나지요.

우리 어린이들도 때로는 공부하기 싫어서, 숙제하기 싫어서 학교에 가기 싫을 때도 있지만 친구를 생각하면 학교에 가고 싶은 마음이 들잖아요!

이제 학교에 처음 가는 1학년들도 여러 가지 걱정이 많을 거예요. 하지만 학교에 입학하는 모든 어린이들의 마음은 똑같답니다. 그러니까 마음을 좀 더 편하게 갖고 차근차근 학교에 잘 적응해 갔으면 좋겠습니다.

이 책에서는 학교의 역사와 학교는 왜 꼭 가야만 하는지, 학교생활 즐겁게 하기, 공부 재미있게 하기, 친구들 사귀기 등 어린이들이 학교에 잘 적응할 수 있도록 도와주는 이야기들을 담았습니다.

어린이들이 이 책을 통해서 즐거운 학교 생활을 하면서 몸과 마음이 건강하게 성장하기를 바랍니다.

아주 추웠던 겨울이 지나고 따스한 봄날에   손경애

차례

머리말 4

1 학교는 언제 생겼나요?

세계 학교의 역사를 알아볼까요? 10
한국의 옛날 학교, 서당 18
큰 서당에서는 학생이 아이들을 가르치기도 했어요 20

알고 싶고 재미있는 학교 이야기
세계 학교의 역사 23

2 우리나라의 옛날 학교와 풍경

최초의 공립 학교, 육영공원 26
최초의 사립 학교, 원산 학사 29
여성을 위한 학교, 이화 학당 31

알고 싶고 재미있는 학교 이야기
우리나라 학교의 역사 36

3 학교 생활 잘 적응하기

학교는 몇 살부터 갈 수 있나요? 44
또래 친구들과 사회성을 높여요! 46
낯선 학교에 잘 적응하는 법 47

엄마 아빠, 보세요!
아이를 믿고 기다려 주세요 56

4 궁금한 학교 수업과 생활

초등학교 수업 시간 60
1학년들은 무엇을 배우나요? 62
2학년들은 무엇을 배우나요? 67
3학년들의 교과와 수업 시간 68
고학년들의 교과와 수업 70

엄마 아빠, 보세요!
1학년들의 초기 교육 내용 74

알고 싶고 재미있는 학교 이야기
알퐁스 도데의 〈마지막 수업〉 76

5 어떻게 즐거운 학교를 만들까요?

친구를 사귀면 학교 가는 게 즐거워져요 84
어떻게 친구를 사귈까요? 87
수업 시간에 집중하면 공부가 재미있어요! 90
학교에서 미래의 꿈을 키우세요 93

엄마 아빠, 보세요!
아이의 자존감 높이는 방법 96

알고 싶고 재미있는 학교 이야기
이태석 신부님이 세운 아프리카 학교 98

1 학교는 언제 생겼나요?

 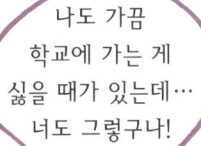    

어린이들이 학교에 가면 많은 시간을 친구들과 함께 보내게 되지요? 공부도 하고 놀기도 하면서요. 그런데 학교가 언제, 왜 생겼는지에 대해서는 잘 모르지요? 그래서 선생님이 우리 어린이들에게 그 궁금증을 풀어 주려고 합니다. 학교가 언제부터 생겼고, 처음에는 어떤 학교들이 있었는지 등을 한번 살펴볼까요?

세계 학교의 역사를 알아볼까요?

가정에서의 교육보다는 좀 더 조직적으로 공부를 시키는 곳이 학교랍니다. 이런 학교 교육은 언제부터 생겼을까요? 세계 여러 나라 학교의 역사와 우리나라 역사까지 함께 공부해 보기로 해요.

*바빌로니아의 학교 이야기

2500년 전 바빌로니아의 학교에서 일어난 일입니다. 그때의 편지글에서 다음과 같은 내용들이 발견되었답니다.

"너 오늘도 학교에 안 갔니? 어디서 놀았니? 너를 찾으려고 엄마가 얼마나 여기저기 돌아다녔는지 아니? 이제 좀 그만 놀고, 학교에 가서 선생님 말씀 좀 잘 들어라!"

요즘 일같이 느껴지지 않나요? 옛날이나 지금이나 어린이들이 공부하러 학교에 가는 것을 싫어

너 오늘도 학교에 안 갔니?

*바빌로니아

바빌로니아는 기원전 4000년대 말 수메르 사람이 세운 도시국가로 아주 높은 수준의 도시 문명이 시작되었답니다. 티그리스강과 유프라테스강 사이에 있는 메소포타미아 남동쪽 지역의 이름이지요.
티그리스강은 아시아 서쪽과 메소포타미아를 흐르는 강으로 터키와 카스피해 사이에 있는 아르메니아 고원에서 시작해서, 유프라테스강과 합쳐져서 페르시아만으로 흘러간답니다. 길이는 1,900km랍니다. 유프라테스강은 아나톨리아고원에서 시작해서 바스라 북쪽에서 티그리스강과 합쳐지면서 페르시아만으로 흘러가지요. 고대 문명이 시작된 발상지이며 강의 길이는 3,596km랍니다.

했나 봅니다.

　이렇게 아주 오래 전부터 어른들은 아이들을 집에서 또는 학교에서 교육을 시켰답니다. 왜냐하면 사람은 스스로 생각할 수 있고, 생각을 하면서 도구를 만들어 사용하고, 또 글을 만들고 쓸 줄도 알았기 때문입니다. 그래서 이렇게 옛날부터 부모들은 아이들에게 교육을 시켜서 좀 더 나은 생활을 할 수 있도록 했답니다.

*그리스의 노예 선생님

　그리스에는 아이가 6~7세 때부터 16세까지 옷을 입혀 주고, 식사도 챙기고, 예절 등도 가르치는 노예 선생님이 있었습니다. 이런 노예를 '몽학선생'

이라고 했대요. 원래 그 나라 말로는 '파에
다고구스'라고 합니다.

요즘은 이 말이 '교육학'이라는 뜻이 되
었답니다. 몽학선생은 아이들을 보호하고
학교까지 데려다주고 데려오는 일도 했다
고 합니다. 몽학선생이 요즘의 가정교사 같
은 역할을 했던 것 같습니다.

학교에 데려다주는 일도 했다는 얘기를
보면 그때도 학교가 있었던 것 같지요?

그리스는 모든 어린이 교육은 놀이에서
시작된다고 생각했답니다.

*그리스

기원전 750년쯤부터 그리스에서 유럽의 문화가 시작되었답니다. 그리스에서
아테네와 스파르타 등의 도시국가가 생기기 시작했지요. 기원전이란 말은 예수님이
태어나기 전을 기원전이라고 하고, 기원후는 예수님이 태어난 이후부터를
말한답니다. 우리가 말하는 2018년은 예수님이 태어난 뒤를 기준으로 한
연도랍니다.

*중세 유럽의 교회 학교인 스콜라

유럽에서는 오랫동안 교회와 수도원에서 공부를 했습니다. 왜냐하면 중세의 유럽은 사람보다는 하나님 중심의 사회였기 때문입니다.

요즘 교회의 '주일 학교'가 그때는 '스콜라'라고 불리었습니다. 우리들이 학교를 영어로 스쿨(school)이라고 하잖아요? 이 단어가 바로 스콜라에서 온 것이라고 합니다. 이때 세계에서 아주 오래된 대학인 이탈리아의 볼로냐 대학이 생겼고, 프랑스의 파리 대학, 영국의 케임브리지 대학 등이 생겼답니다.

*중세

유럽의 중세는 5세기 말부터 16세기에 걸친 시대를 가리킨답니다. 그러나 중세를 다르게 나누는 경우도 있답니다. '세기'는 100년을 세는 단위랍니다.

*프로이센의 의무 교육

영국은 18세기에 산업 혁명이 일어나면서, *농업 중심의 사회가 *산업 중심의 사회로 변화하게 되었습니다. 그래서 기계로 물건을 만들 수 있게 되면서 여자와 어린아이들까지 일을 하게 되었지요. 그러다 보니 하루에 19시간씩이나 아이들에게 일을 시키는 나쁜 공장 주인까지 생기게 되었대요. 게다가 아이들이 단 몇 분만이라도 늦게 오면, 많은 돈을 빼고 월급을 주었답니다.

영국에서는 이런 일이 너무 많이 일어나면서 9세보다 어린 아이들에게는 더 이상 공장에서 일을 하지 못하도록 법으로 금지시켰답니다. 그러고는 아이들과 여자들이 공장에서 일하는 시간을 하루에 10시간으로 정했습니다. 이런 일들이 생기면서 독일의 프로이센에서는 최초로 어린이들을 위한 의무 교육 제도가 만들어졌답니다.

*프로이센

독일의 동북부, 발트해 한쪽 기슭에 있던 지방으로 1701년, 프로이센 왕국이 세워졌으나 제2차 세계 대전 뒤 소련과 폴란드에 점령되면서 이름까지도 사라졌답니다.

*농업 중심의 사회

사람이 땅을 이용해서 생활에 필요한 식물이나 동물 등을 기르는 것을 말합니다.

*산업 중심의 사회

기계를 이용해서 물건을 만드는 사회를 말합니다.

영국의 자유로운 학교, 서머힐 스쿨

1921년 *닐은 아주 자유로운 학교를 영국 서머힐에 세웠습니다. 학생들은 수업에 참석하기 싫으면 안 해도 되고, 공부하고 싶으면 수업에 들어가도 되고, 스스로 수업을 들어야 할지 말지를 결정할 수 있는 자유학교랍니다.

때로는 수영복을 입지 않고 수영을 할 수도 있답니다. '뭐 이런 학교가 다 있지?' 하고 생각할 수도 있지만, 학생들은 스스로 만든 질서와 규칙 등을 따르고 서로 존중하면서 단체 생활을 통해서 나와 다른 친구들을 인정하는 방법을 배워 가는 학교랍니다.

좀 특별하고 멋진 학교인 것 같지요? 아이들 스스로 규칙을 정해서 따르

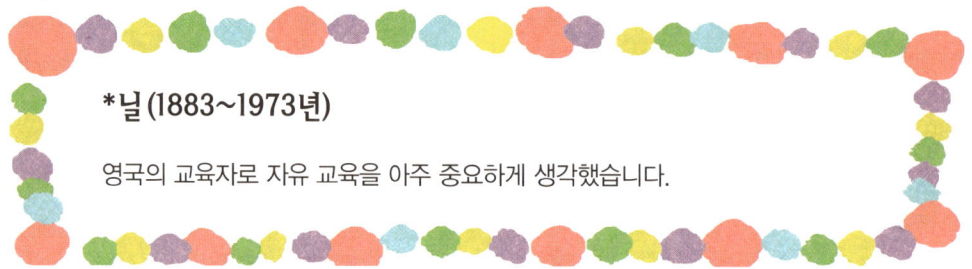

*닐(1883~1973년)

영국의 교육자로 자유 교육을 아주 중요하게 생각했습니다.

고 서로에게 피해를 주지 않고 배려하는 마음도 배우니까요. 그리고 서로 존중하는 마음도 배우고요. 스스로 모든 일을 자유롭게 결정하지만 책임도 자기가 져야 하는 것을 배우는 학교랍니다.

아이들이 만든 나라, 벤포스타

*에스파냐의 오렌세 마을에는 '벤포스타'라는 어린이 공화국이 있습니다. 열다섯 명의 아주 가난한 어린이들과 '실바'라는 신부님이 1956년에 만들었다고 하네요.

이곳에는 아이들이 직접 뽑은 어린이 대통령이 있고, 어린이들이 회의를 통해서 법을 만들기도 한답니다. 어린이들이 화폐를 만들기도 하고, 서커스 공연 등을 통해서 돈을 벌기도 한대요. 이런 활동을 하면서 이곳 어린이들은 학교에서 돈을 받기도 합니다. 4세에서 15세 어린이들이 이 나라의 주민들이랍니다. 참 재미있는 나라 같지요? 선생님도 여기 가서 한번 생활해 보고 싶어요!

*에스파냐

유럽에 있는 나라로 보통은 스페인이라고들 말합니다.

한국의 옛날 학교, 서당

요즘 같은 학교가 생기기 전에 우리나라에서는 서당에서 주로 아이들을 교육시켰습니다. 고구려 시대부터 서당과 비슷한 경당이라는 곳에서 아이들을 공부시켰대요. 그리고 고려 시대부터는 우리가 알고 있는 서당이라는 말이 쓰이면서 조선 시대까지 이어져 왔답니다.

서당 입학은 동짓날에 했대요

서당 입학은 동짓날인 12월 22일 정도에 했다고 합니다. 그때가 공부를 시작하기 가장 좋은 시기라고 생각했답니다. 입학하는 날 아이들은 훈장 선생님에게 술이나 닭 등을 선물했지요.

보통 아이들은 7~8세부터 15~16세까지 공부를 하기 위해서 서당에 왔는데 20세가 넘는 어른들도 가끔씩 있었답니다. 그때도 배움에는 나이가 없었나 봅니다.

양반이 아닌 일반 백성의 어린이들은 서당에 많이 못 갔어요

일반 백성들의 아이들은 한자 공부를 하는 것도 어려웠고, 책을 사는 것도 힘이 들어서 서당에 많이 갈 수 없었답니다. 글을 배우기보다는 부모님의 농사일을 돕거나, 같은 또래의 친구들과 놀면서 어린 시절을 보냈답니다. 그러면서 어른이 되기 전에 꼭 알아야 할 것들은 부모님에게 교육을 받았대요.

보통 아버지가 아플 때는 아들이 하루 종일 옆에서 보살폈고, 딸은 어머니와 음식을 만들고 설거지하기, 바느질하기, 동생 돌보기 등의 일을 도왔다고 합니다.

그리고 양반집에서도 여자아이들은 서당에 보내지 않았습니다. 하지만 집안 어른들이 여자아이들에게 예의와 예절 등은 아주 엄격하게 가르쳤답니다.

아하, 그렇구나!

남녀칠세부동석

조선 시대에는 일곱 살만 되어도 여자아이와 남자아이가 한자리에 함께 앉아 있을 수가 없었습니다. 서당에서 남녀가 같이 앉아서 공부한다는 것은 생각할 수도 없는 일이랍니다.

큰 서당에서는 학생이 아이들을 가르치기도 했어요

규모가 작은 서당에서는 선생님인 훈장이 아이들을 가르쳤으나 좀 큰 서당에서는 훈장과 함께, 아이들 가운데 나이가 많고 공부를 좀 잘하는 학생을 뽑아서 가르치게 했답니다.

서당에서는 그날 배운 글들을 모두 외우게 해서 시험을 보았습니다. 그리고 책 한 권을 끝낼 때마다 시험에 통과해야만 했대요. 여기서 합격을 하면 '책거리'라는 떡 잔치를 했다고 합니다. 어린이 여러분들도 들어봤을 거예요? 책거리라고, 요즘도 이 말을 쓰잖아요. 무언가를 다 끝내면 책거리를 한다고 들어봤지요? 이 말이 서당에서 나온 말이네요.

훈장님에게 가르침의 대가로 곡식을 드렸어요

훈장 선생님의 가르침에 대한 대가로 학부모들은 봄가을로 곡식을 마련

해서 훈장에게 주었답니다. 혼자 사는 훈장에게는 옷도 빨아 주고 식사 등도 해결해 주었다고 합니다.

교육 내용은 한자 교육을 위한 《천자문》, 덕에 대해서 공부를 하는 《동몽선습》, *《격몽요결》, 어린이들의 인격을 쌓기 위한 《명심보감》, 《소학》, *《사서오경》 등을 배웠답니다.

요즘도 시골에 남아 있는 서당을 볼 수 있지요. 어린이 여러분들도 서당에 한번 가서 훈장님도 만나 보고 어떤 것을 공부하는지도 알아보세요.

*격몽요결

조선 시대의 학자인 율곡 이이가 쓴 어린이들을 위한 책입니다. 어린이들이 알아야 할 여러 가지 내용들이 쓰여 있습니다. 예를 들면 독서하기, 친구들과 어떻게 잘 사귀고 지내는지 등을 담았답니다.

*사서오경

사서와 오경을 말합니다. 사서는 《논어》《맹자》《중용》《대학》을 말하고, 오경은 《시경》《서경》《주역》《예기》《춘추》를 일컫는답니다. 중국의 유교를 가르치는 대표적인 책들이랍니다.

 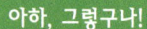

유교가 뭐예요?

유교는 유학을 종교로 생각할 때 이르는 말이랍니다.
유교는 중국의 공자에서부터 시작되었으며 삼강오륜과 사서삼경을 기본으로 합니다. 유교의 도덕에서 기본이 되는 세 가지는 삼강이고, 지켜야 할 다섯 가지 도리는 오륜이랍니다. 삼강에는 군위신강, 부위자강, 부위부강이 있고, 오륜에는 부자유친, 군신유의, 부부유별, 장유유서, 붕우유신 등이 있답니다.

삼강

군위신강(君爲臣綱) : 신하는 임금을 섬기는 게 근본이다.
부위자강(父爲子綱) : 아들은 아버지를 섬기는 게 근본이다.
부위부강(夫爲婦綱) : 부인은 남편을 섬기는 게 근본이다.

오륜

부자유친(父子有親) : 아버지와 아들 사이의 도리는 사랑에 있다.
군신유의(君臣有義) : 임금과 신하 사이의 도리는 의리에 있다.
부부유별(夫婦有別) : 남편과 부인 사이의 도리는 서로 침범하지 않음에 있다.
장유유서(長幼有序) : 어른과 아이 사이에는 순서가 있고 따라야 할 질서가 있다.
붕우유신(朋友有信) : 벗과 벗 사이의 도리는 믿음에 있다.

알고 싶고 재미있는 학교 이야기

세계 학교의 역사

- 기원전 9~8세기 그리스에서 스파르타의 군사 교육과 아테네의 노예에 의해서 체조와 음악 학교 교육이 시작되었답니다.
- 기원전 8세기~기원후 5세기에 로마에서는 그리스와 비슷한 교육을 실시했습니다. 그래서 문법 학교가 등장했대요.
- 1088년 이탈리아에서 최초의 대학인 볼로냐 대학을 세웠답니다.
- 1398년에 조선은 성균관을 세웠지요.
- 1713년 프로이센의 프리드리히 1세는 학교에 들어가는 취학령에 대해서 발표했습니다. 프리드리히 1세는 5~12세까지의 어린이들에게 의무 교육을 실시했습니다.
- 1793년에 프랑스는 돈을 받지 않고 교육을 하는 무상 교육을 실시했습니다.
- 1840년 독일의 프뢰벨은 유치원을 처음으로 만들고 유치원 교육을 시작했답니다.
- 1883년 묄렌도르프가 조선에 영어 학교인 동문학을 세웠습니다. 그리고 이 시기에 원산 학사도 설립했답니다.
- 1886년 조선에서는 외국인 선교사가 여성을 위한 학교인 이화 학당을 세웠습니다.
- 1894년 한국 최초의 초등학교인 '관립 교동 소학교'가 문을 열었습니다.

2 우리나라의 옛날 학교와 풍경

원산 학사는 체육 시간에 무술을 가르쳤다고 합니다. 일본 사람들이 우리나라를 침범할 수 있다고 생각해서 체육 시간에 전통 무예를 가르쳤다고 합니다. 하지만 기독교 등을 알리기 위해서 온 선교사들이 세운 학교에서는 축구, 야구, 농구 등 가르쳤다고 하네요. 그럼 여자아이들을 위해서 세운 이화 학당에서는 체육 시간에 무엇을 했을까요?

최초의 공립 학교, 육영공원

1876년 조선은 일본과 *강화도 조약을 체결한 뒤에 좀 더 앞선 나라의 문화를 받아들이기 위해서 나라를 대표하는 사람들을 외국에 보냅니다. 그러면서 현대식 교육이 필요함을 느끼게 되었지요. 그래서 교육 기관인 육영공원을 세우게 되었습니다.

육영공원은 강화도 조약이 체결되고 나서 10년 뒤인 1886년 9월에 문을 열었답니다. 육영공원의 뜻은 '젊은 영재를 기르는 공립 학교'라는 의미랍니다. 처음에는 서울 정동에 세웠다가 다른 곳으로 옮겼지요.

영어 중심의 교육을 시켰대요

다른 나라의 문화 등을 서로 나누고 받아들이려면 외국어인 영어를 알아야 한다고 생각해서 영어 중심의 교육을 시켰대요. 요즘도 외국 사람들과 얘기를 하려면 영어를 해야 하는데, 그때도 똑같은 생각을 했나 봅니다.

*강화도 조약

일본이 1875년 일본 군함인 '운양호'를 조선의 강화 쪽으로 불법으로 밀고 들어오면서 조선과 충돌한 사건이 운양호 사건입니다. 이 사건으로 1876년에 조선의 고종과 일본이 체결한 조약을 말합니다. 일본의 강압적인 군사력으로 맺은 평등하지 않은 조약으로 인해서 조선은 인천, 원산, 부산 등의 항구까지 열게 되었답니다.

이 학교에서는 영어뿐만 아니라 수학, 역사, 지리, 정치, 경제 등을 가르쳤으며 반을 두 개로 나누어서 뽑았습니다. 나라에서 학생들에게 자고, 먹고 공부할 수 있는 기숙사 시설과 책 등도 주었답니다.

우리나라 최초의 영어 통역관 학교인 '동문학'이 1883년에 세워졌는데 육영공원이 생기면서 1886년에 문을 닫았습니다.

양반의 아이들만 뽑았대요

그런데 육영공원에서는 주로 양반의 자식들을 학생으로 뽑았다고 합니다. 이 학교가 우리나라 최초의 근대식 학교이기는 하지만 너무 영어 교육만 강조하고, 양반의 아이들만 뽑아서 일반 국민의 아이들은 이 학교에 들어가기 힘이 들었다고 합니다.

나라에서도 이 학교를 잘 이끌어서 신식 교육을 계속 시키고 싶어 했지만 기숙사비 등을 더 이상 지원할 수 없게 되면서 1894년에 문을 닫았답니다.

최초의 사립 학교, 원산 학사

원산 학사는 1883년에 함경남도 원산에 세운 신식학교입니다. 1880년 원산이 항구를 열면서 일본 사람들이 모여 사는 곳도 생기고, 사업까지 시작했습니다. 그러면서 원산과 *덕원 사람들은 후손들이 새로운 지식을 공부해야만 일본과 힘을 겨룰 수 있다고 생각했습니다. 그래서 서당을 발전시켜서 새로운 모습의 학교를 운영했습니다. 그러다가 1883년 덕원 부사 정현석이 새로 오자, 그에게 신식학교 설립을 요구하면서 문을 열게 되었답니다.

원산 학사는 학생들을 *문예반과 *무예반으로 나누어서 가르쳤는데, 가르친 과목은 다음과 같습니다.

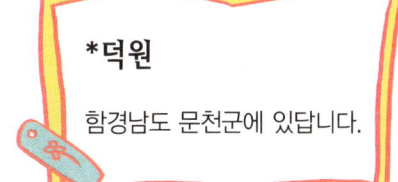

*덕원

함경남도 문천군에 있답니다.

*문예반

문학과 예술에 대한 공부를 주로 하는 반을 말합니다.

*무예반

무도, 무술 등을 주로 공부하는 반입니다. 무기 다루기, 주먹이나 발길질, 말달리기 등을 공부한답니다.

원산 학사에서 가르친 과목들

그 시절에는 무슨 공부를 했는지 한번 알아볼까요?

문예반 : 《논어》《맹자》처럼 중국에서 오랫동안 많은 사람이 읽은 문학이나 예술 작품을 주로 공부했답니다.

무예반 : 군사를 지휘해서 전쟁을 하는 병법에 대해서 공부했습니다.

다같이 배우는 공통 과목 : 수학, 과학, 기술, 농업 등 실용적인 과목과 일본어, 법학, 지리학 등을 배웠답니다.

원산 학사는 원산과 덕원에서 사는 사람들이 덕원 부사에게 요청해서 일반사람들이 돈을 모아서 신식학교를 세웠다는 것에 큰 의미가 있답니다.

여성을 위한 학교, 이화 학당

1885년 메리 스크랜턴은 미국에서 기독교를 알리기 위해서 한국으로 왔습니다. 그리고 1886년 서울 정동에 이화 학당을 세웠답니다. 학당은 요즘 말로 하면 학교라는 뜻이랍니다.

조선 시대는 남성 중심의 사회여서 '암탉이 울면 집안이 망한다.'는 속담이 일반적인 시대였습니다. 그래서 여자들을 공부시키는 집이 거의 없었답니다. 여자가 공부를 하면 사는 게 힘들어진다고 생각해서 교육을 시키지 않았다고 합니다.

명성 황후가 지은 이름, 이화

그리고 서양에서 사람들이 몰려오면서 나라가 혼란스러워졌다고 생각해서 처음에는 특히 서양 사람이 세운 학교에 다니려는 여학생은 거의 없었습니다. 그래서 처음에는 한 명의 학생만 학교에 왔답니다. 1년 뒤에는 7명으로 학생이 늘어나면서 고종의 비인 명성 황후가 '배꽃같이 순결하고 아름다우며 향기로운 열매를 맺으라.'는 의미로 '이화'라고 이름을 지어 주었답니다.

이화 학당은 여자를 교육시키지 않던 시기에 여자들에게 서양식 교육을 시키면서 여성도 남성과 같이 사회에 나아가서 일할 수 있도록 만들었습니다.

남자 선생님과는 커튼을 치고 공부했대요!

그런데 교육을 하면서 또 다른 문제가 생겼어요. 남녀의 구분이 엄하고

철저했던 시대라 남자 선생님이 수업을 하는 데 어려움이 따른 거예요. 그래서 생각해 낸 방법이 교실에 칸막이를 치거나 커튼을 치고 수업을 했대요. 아니면 선생님의 기침 소리에 따라 신호를 정해서 학생들이 대응을 했답니다.

예를 들어, 선생님이 교실에 들어오기 전 밖에서 기침을 하면 학생들은 운동장 쪽으로 고개를 돌렸다고 합니다. 선생님은 수업을 할 때에도 몸을 칠판 쪽으로 한 채 학생들을 쳐다보지 않았대요. 그리고 수업을 마치고 나갈 때 또다시 기침을 하면 학생들은 운동장 쪽으로 고개를 돌려야 했답니다.

정말 지금 생각하면 말도 안 되는 일이지만 그때는 유교 풍습 때문에 그렇게 할 수밖에 없었답니다. 서로 눈도 마주치지 않고 어떻게 수업을 했는지 모르겠네요!

이화 학당의 교육을 시작으로 우리나라 여성들의 교육과 사회 활동이 시작되었고, 남녀가 점차 함께 교육을 받을 수 있는 상황으로 바뀌기 시작했답니다.

체조 때문에 학교에 못 갔답니다!

사립 학교인 이화 학당에서는 체육 시간에 다리를 크게 벌리면서 뛰는 것이 문제가 되었습니다. 조선 시대에는 여자가 발의 폭을 넓게 해서 걸으면 안 되었기 때문이지요. 그런데 다리를 크게 벌리고 달리기를 했으니 부모들은 큰 충격을 받았답니다. 여자들은 몸

체조를 이렇게 하는구나!

아하, 그렇구나!

배재 학당

미국인 선교사 아펜젤러 목사가 1885년 8월에 배재 학당을 세웠습니다. 고종이 배재 학당 설립을 허락하면서 학교 이름까지 지어 주었답니다. 배재 학당은 지금의 배재 고등학교랍니다.

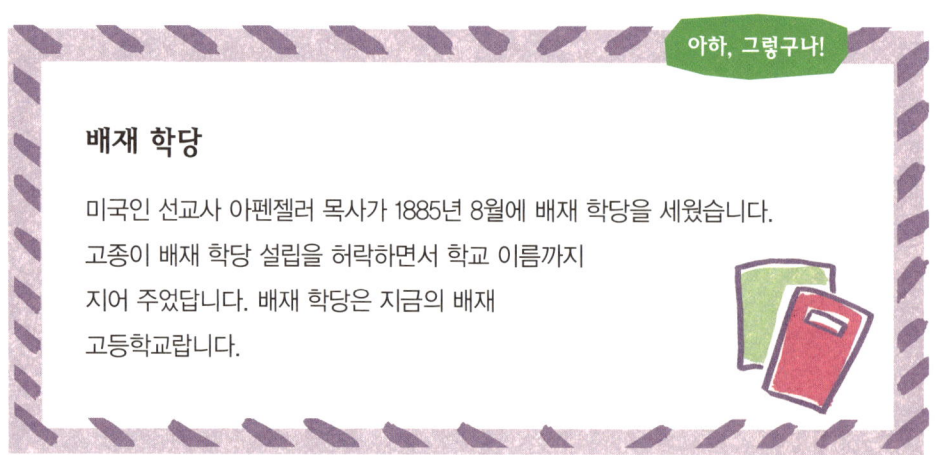

가짐을 조심해야 한다고 생각했던 유교 풍습 때문이랍니다.

이화 학당 학생들을 며느리로 삼지 않겠다고 했대요!

지금은 오히려 달리기를 할 때 다리를 벌리지 않고 뛰는 게 문제가 되지만 그때는 이런 행동이 오히려 학부모들에게는 심각한 문제였답니다. 그래서 딸들을 학교에 가지 못하게 하고, 딸 때문에 집안의 체면까지 떨어졌다고 생각을 했습니다. 게다가 이화 학당에 다닌 여학생들을 며느리로 삼지 않겠다고 하는 사람들까지 생기기 시작했답니다.

우리나라의 유교적 풍습이 여자와 남자들을 너무 구분 짓고 여성과 남성을 평등하게 생각하지 못하게 한 것이 문제였던 것 같지요?

물론 요즈음은 여자들 앞에서 누가 이런 얘기를 했다가는 혼쭐이 날 거예요!

알고 싶고 재미있는 학교 이야기

우리나라 학교의 역사

우리나라 최초의 학교는 고구려 소수림왕 2년에(372년) 세운 관학인 태학입니다. 사립 학교인 경당은 고구려 장수왕 15년에(427년) 생겼답니다. 수도를 평양으로 옮긴 뒤 전국 곳곳에 세우기 시작했지요.

신라는 신문왕 2년인 682년에 국학을 설치했고, 747년에 태학감으로 이름을 바꾸었지요. 고려는 992년쯤 국자감을 세웠는데 고려 충선왕 때 이름을 성균관으로 바꾸었답니다.

조선 시대 사립 초등학교인 서당

조선 시대에는 요즘 가장 단계가 높은 대학으로 성균관을 서울에 세우고, 지금의 중등학교인 *4부 학당과 향교 등을 세워서 양반의 아이들을 교육시켰으며, 그 아래에는 사립 초등학교에 해당하는 서당이 있었습니다.

1883년 함경남도 원산에 '원산 학사'라는 신식학교가 세워졌습니다.

그리고 서양에서 들어오기 시작한 새로운 학문 교육을 위하여 1886년 육영공원을 세웠으며, 갑오개혁이 일어난 뒤에 새 교육제도가 생기면서 공립 학교가 설립되기 시작했답니다.

사립 학교는 기독교를 전파하기 위해

서 한국에 온 선교사들이 세우기 시작했는데 1885년에 세운 배재 학당, 1886년에 설립한 이화 학당 등이 있습니다.

그 뒤에 이 학교들의 영향으로 여러 곳에 사립 학교들이 세워졌답니다. 국민을 교육시키는 개념의 교육기관인 '소학교'가 생긴 것은 1894년이랍니다.

아이들에게 기본이 되는 학교, 소학교

아이들에게 가장 기본이 되는 교육을 시키기 위해서 세운 학교가 소학교랍니다.

*4부 학당

동부학당, 서부학당, 남부학당, 중부학당 등 4부로 이루어져 있었답니다.

　1894년 9월, 서울 종로구에 우리나라 최초의 근대식 초등 교육 기관인 관립 교동 소학교가 문을 열었습니다. 하지만 이 학교에는 왕실과 귀족의 아이들만 입학할 수 있었답니다.
　1895년 5월에 관립 한성사범학교 부속 소학교가 되면서 일반 아이들도 입학할 수 있게 되었지요. *을사조약 뒤인 1906년 9월에 다시 관립 교동 보통학교로 이름을 바꾸었답니다. 1910년 4월 교동 공립 보통학교로 바뀌었다가, 1947년 10월 서울 교동 공립 국민학교를 거쳐서 1996년 3월에 지금의 서울 교동초등학교가 되었습니다. 120년이 넘는 역사를 자랑하고 있답니다.

재동 관립 소학교

　재동 관립 소학교는 1895년에 세워진 우리나라 두 번째 초등학교랍니다. 1895년 7월 고종의 '소학교령'에 따라서 서울 계동에 관립 계동 소학교로 문을

*을사조약

1905년 대한 제국 때 일본이 한국의 외교권을 빼앗기 위해서 강제로 맺은 조약입니다. 그러나 고종 황제가 끝까지 결재를 하지 않았기 때문에 조약이라고 할 수 없답니다.

열었습니다. 입학생은 8~15세 나이의 48명이었으며, 3년제 초등학교에 해당하는 심상과와 2년제로 수준이 조금 더 높은 고등과가 있었답니다. 1895년 9월에 학교를 지금의 재동으로 옮기면서 이름이 재동 소학교로 바뀌었으며, 1897년에 제1회 졸업생이 나왔답니다.

국문, 산술, 국사, 세계사, 지리와 《소학》《오륜행실》 등의 교육을 학생들에게 시켰답니다. 1906년 '보통학교령'에 따라서 심상과와 고등과가 합해지면서 4년제인 관립 재동 보통학교가 되었지요. 1910년 이후에 이름이 여러 가지로 바뀌다가 1946년 서울 재동국민학교로 1996년 서울 재동초등학교로 바뀌었답니다.

일본이 강제로 점령했을 때

이 시기에는 수업 중에도 학생들에게 우리나라 말을 쓰지 못하도록 하고 일본 말만 쓰도록 했습니다. 그리고 학생들의 옷도 한복에서 검은색의 교복으로 바꾸었고, 머리도 일본 학생들처럼 짧게 깎아야 했답니다. 여학생들은 그 이전보다는 공부를 하러 학교에 많이 갔답니다.

1945년 이후의 학교

일본으로부터 나라를 찾은 뒤에는 초등학교 6년, 중학교 6년, 대학교 4년으로 바꾸었다가, 중학교 6년을 중학교 3년과 고등학교 3년으로 바꾸었답니다. 이 제도는 요즈음까지 이어지고 있지요.

1950년 6월 25일 일어난 한국 전쟁 때에는 서울 등 큰 도시의 학교들이 전쟁으로 파괴되어, 전쟁을 피해서 옮겨간 곳인 피란지에서 천막을 치고 공부를 했습니다.

그리고 1996년에 국민학교를 초등학교로 이름을 바꾸었답니다. 국민학교는 일본이 쓰던 이름이었기 때문입니다.

3 학교 생활 잘 적응하기

학교의 역사를 살펴보았으니 이제 우리들이 다니는 요즘의 학교에 대해서 알아볼까요? 대부분의 아이들은 몇 살에 초등학교에 갈까요? 그리고 아이들은 어떻게 하면 빨리 학교에 적응을 할까요?

학교는 몇 살부터 갈 수 있나요?

유치원을 졸업한 뒤에는 초등학교에 입학을 하는데, 1학년 어린이들 가운데 학교에 입학하기 전에 혹시 '학교에 꼭 가야 하나요?'라고 엄마에게 물어본 친구들도 있을 것 같아요. 우리 어린이들 가운데 학교 가기 싫어하는 어린이들이 간혹 있을지도 모르겠어요! 여러분들은 어떤가요?

초등학교부터 중학교까지 의무 교육이에요

우리나라는 초등학교부터 중학교까지가 *의무 교육이에요. 그래서 모든 어린이들은 8세에 초등학교에 들어가서 공부를 시작해야만 한답니다. 그러니 가기 싫어도 꼭 가야 하겠죠!

*의무 교육

나라에서 정한 법에 따라 아이들이 의무적으로 꼭 받아야 하는 교육을 말합니다.

아하, 그렇구나!

우리나라의 의무 교육

우리나라는 1948년 헌법이 제정·공포되고, 1949년 12월 교육법이 공포되었답니다. 그래서 1950년 6월 1일부터 의무 교육이 시작되었답니다.

의무 교육은 우리나라 헌법 제31조에 다음과 같이 써 있답니다.
① 모든 국민은 능력에 따라 균등하게 교육을 받을 권리가 있다.
② 모든 국민은 자녀에게 적어도 초등 교육과 법이 정하는 교육을 받게 할 의무가 있다.
③ 의무 교육은 무상으로 한다.
등으로 규정되어 있답니다.

2000년까지는 초등학교 6년까지가 의무 교육이었지만, 2001년부터 중학교까지 의무 교육이 시작되었습니다. 중학교 의무 교육은 1985년 섬마을, 산골 마을 등에서 시작해서 1994년 읍·면까지 확대되었습니다.
2001년부터는 시·광역시·특별시까지 확대되면서 이제는 모든 국민이 9년 동안 의무 교육을 받을 수 있게 되었답니다.
제주도는 2018년부터 고등학교까지 무상 의무 교육을 실시한다고 합니다.

또래 친구들과 사회성을 높여요!

학교는 또래 친구들과 같이 놀면서 사회성을 넓히고, 학교에서 배우는 정규 교육에 따라서 지식도 쌓아갈 수 있습니다. 그리고 학교를 통해서 나이에 맞게 몸과 마음이 정상적으로 자랄 수 있기 때문에 학교에 다니는 것은 중요하답니다.

친구들에게 배려심을 배워요

또래 친구들과 공부하고, 놀고, 생활하다 보면 친구를 이해하는 마음도 넓어지면서 배려심도 커지게 된답니다.

친구들에게도 "고마워, 미안해!" 등 상황에 따라서 알맞게 인사할 줄 알아야 합니다. 이런 인사들이 몸에 익숙해야 예절이 바른 어린이로 자랄 수 있습니다. 교실에서 너무 큰 소리로 떠들거나 마구 뛰어다니는 것도 안 됩니다. 같이 생활하는 친구들에게 불편함을 줄 수 있답니다.

그리고 자기 말만 하지 말고 친구의 말도 잘 들어주는 태도를 길러야 합니다. 그래야 서로 마음을 나눌 수 있는 소중한 친구가 될 수 있답니다.

이런 습관들이 학교를 다니면서 탄탄하게 자리를 잡게 되면 스스로를 사랑하는 자존감이 높은 사람으로 성장할 수 있답니다.

낯선 학교에 잘 적응하는 법

학교에 처음 가는 1학년들은 낯선 환경 때문에 불안한 마음이 생길 수도 있습니다. 학교는 유치원처럼 선생님하고 친밀하고, 교실도 유치원처럼 작지 않기 때문에 새로운 환경에 적응하려면 시간이 걸릴 수 있답니다.

그리고 학교에서는 유치원처럼 '나는 이거 하기 싫은데….' 하면서 안 할 수도 없습니다. 하기 싫지만 학교에서는 해야 하는 규칙들이 많기 때문에 스스로 참고 인내하는 법도 배워야 합니다. 자기가 좋아하는 것만 하면서 학교 생활을 잘 하기는 힘들답니다.

처음에는 엄마 아빠의 도움이 필요해요

학교에 가는 등교 시간이 정해져 있고, 수업하는 시간과 쉬는 시간도 유치원보다는 엄격하게 정해져 있어서 답답하게 느낄 수도 있겠죠.

1학년들은 처음에는 수업 준비나 준비물 챙기기 등 엄마 아빠의 도움을 많이 받아야 할 거예요. 그러다가 한두 달이 지나면 학교 생활에 익숙해지면서 부모의 도움 없이도 수업 준비를 스스로 잘하게 될 거예요.

그래서 혼자 하려고 노력하는 게 중요하답니다. 계속 엄마나 아빠에게 의지하다 보면 2학년이나 3학년이 되어서도 수업 준비물을 잘 챙기지 못하는 아이가 될 수 있기 때문입니다.

처음부터 잘 하지는 못하지만 노력을 하다 보면 스스로에 대한 믿음도 생기면서 무슨 일이든 잘 해낼 수 있는 자신감이 생긴답니다. 그러니 스스로 책가방을 싸고 준비물도 챙겨 보세요. 하다가 잘 안 될 때는 엄마에게 도움을 청하세요.

일찍 자고 일찍 일어나기

유치원은 대부분 오전 9시 30분에 등원을 하지만 초등학교는 1교시 수업을 9시에 하기 때문에 일찍 일어나는 습관을 들여야 합니다. 세수하고, 아침밥도 먹고, 화장실의 볼일도 보려면 7시 30분 정도까지는 일어나야 하겠죠? 아침에 일찍 일어나려면 저녁에 일찍 자야겠죠? 아무리 늦게 자도 밤 10시 30분까지

는 잠자리에 들어야 아침에 일찍 일어날 수 있습니다.

학교에서 첫 수업이 오전 9시에 시작되므로 8시50분까지는 학교에 등교하도록 합니다.

자기 전에 책가방과 수업 준비물 챙기기

책가방은 잠자리에 들기 전에 미리 챙기는 습관을 들이도록 합니다. 아침에 많은 일들을 해야 하기 때문에 정신이 없을 수가 있어요. 그래서 전 날 미리 가방을 싸두면 잠도 편하게 잘 수 있답니다. 그리고 가방을 싸면서 다음 날 무슨 공부하는지도 미리 알 수 있어서 좋습니다.

가방과 실내화가 들어 있는 신발주머니와, 가정통신문이나 안내장 등이 들어 있는 파일 박스, 공책, 숙제한 것, 작은 자와 연필 지우개 등이 들어 있는 필통 등을 챙기도록 합니다. 미술 수업이 있다면 미술 시간에 쓸 미술용품들도 챙겨 넣도록 합니다.

색종이를 쓰는지 그림을 그리는지에 따라서 준비할 미술용품이 달라지겠죠? 알림장을 꼭 살펴보고 그날그날의 미술 시간에 알맞은 준비물을 챙겨가도록 합니다. 주로 사용하는 미술용품은 가위, 풀, 색종이, 스케치북, 색연필, 크레파스, 물감 등이랍니다.

그리고 학용품과 공책, 책 등에는 미리 자신의 이름을 써서, 혹시라도 잃어버렸을 때 찾을 수 있도록 합니다. 모든 물건을 사용한 뒤에는 제자리에 두는 습관을 들이도록 합니다. 그래야 나중에 필요할 때 찾기 쉽답니다.

안전하게 학교에 가고 오기

전 날 잘 챙긴 책가방을 메고 엄마와 학교에 갈 때, 가는 길을 잘 기억해서 혼자서도 안전하게 갈 수 있도록 합니다. 학교 앞의 횡단보도 앞에는 대부분 보안관 할아버지들이 있어서 호루라기 소리에 따라서 횡단보도를 안전하게 건널 수 있습니다. 또는 녹색어머니회 등의 어머니들이 교통 신호에 맞추어서 횡단보도를 안전하게 건널 수 있도록 돕고 있답니다.

혹시 수업이 늦게 끝나서 보안관 할아버지나 녹색어머니들이 없을 때는 횡단보도에 서서 신호등에 따라서 손을 들고 차분하게 건너도록 합니다. 손을 들고 건너는 이유는 운전하는 사람들에게 크게 보이게 해서 눈에 잘 띄도록 하기 위함이랍니다. 그러니 꼭 손을 높이 들고 건너는 습관을 들이도록 합니다.

그리고 학교에서 돌아오다가 낯선 사람을 쫓아가서는 안 됩니다. 엄마가 심부름을 시켰다고 하거나 엄마가 저쪽에서 기다리니까 같이 가자고 해도 절대로 가면 안 됩니다.

모르는 사람에게 핸드폰을 빌리는 것도 위험합니다. 학교에서 돌아오는 길에 엄마에게 좀 늦는다고 전화를 해야 할 때는 친구 전화를 빌려서 쓰는 게 안전하답니다. 낯선 사람이 주는 것을 무턱대고 먹는 것도 위험할 수 있으니 조심해야 합니다.

예의도 바르고 인사도 잘해요

학교에 가기 위해서 집을 나설 때는 엄마 아빠에게 "학교 잘 다녀오겠습니다." 하고 인사를 하고, 학교에서 집에 돌아와서는 엄마의 얼굴을 마주 보면서 "학교에 잘 다녀왔습니다." 하고 인사하는 습관을 들여야 합니다.

집안의 어른과 선생님에게 물건을 드리거나 받을 때도 두 손으로 공손히 인사하듯이 받아야 합니다.

선생님과 엄마 아빠가 말씀할 때는 두 손을 앞으로 모으고 눈을 마주 보면서 듣도록 합니다. 이러한 예절을 지키는 습관을 들여야 나중에 어른이 되어서도 남에게 상처를 주거나 예절 없다는 말을 듣지 않게 된답니다. 어

른들에게는 존댓말을 사용하고 친구들에게도 욕이나 나쁜 말들은 사용하지 않는 습관을 들이도록 합니다. 예절은 하루아침에 몸에 배는 것이 아니기 때문에 평소에 꾸준히 노력해야 한답니다.

학교에서 준비물 꺼내고 정리 정돈도 잘하기

집에서 교실에 오자마자 그날의 시간표대로 책과 공책, 학용품 등을 사물함에서 꺼내서 책상 서랍에 넣도록 합니다. 그래야 수업 시간에 허둥대지 않고 공부할 수 있답니다. 그리고 수업 시간에 필요해서 챙겨 온 준비물은 가방에 잘 넣어 두었다가 필요한 시간에 꺼내 쓰도록 합니다.

학교 선생님이 엄마 아빠에게 전하라고 준 가정통신문은 잘 전달하도록 합니다. 부모님의 답변을 받은 뒤에는 잊지 말고 학교에 잘 챙겨 오도록 합니다. 그래야 선생님이 내라고 할 때 자신 있게 낼 수 있겠죠?

그리고 학교 수업이 모두 끝난 뒤에는 숙제 등을 하기 위해서 집에 갖고 가야 하는 교과서 등은 가방에 챙기고 나머지 책은 사물함에 두고 가도록 합니다.

화장실을 사용한 뒤에 손을 꼭 씻도록 합니다!

초등학교는 수업 시간이 40분입니다. 수업이 끝나면 쉬는 시간인 10분 안에 화장실을 다녀와야 합니다. 처음에는 익숙지 않아서 소변이나 대변을 참는 어린이들도 많다고 합니다. 그러다가 실수를 하는 어린이들도 있대요.

이럴 때는 조용히 선생님에게 말씀을 드리고 해결해야 하겠죠? 될 수 있으면 아침에 일찍 일어나서 집에서 배변을 하고, 학교에서 소변이 마려우면 쉬는 시간 안에 화장실에 다녀올 수 있도록 해야 합니다.

  수업 중에 소변이 너무 마려우면 손을 들어서 선생님께 말씀을 드리고 화장실에 가도록 합니다. 오줌을 참다가 교실에서 실수를 하게 되면 더 창피하잖아요! 이럴 때는 선생님께 얘기하고 빨리 볼일을 보고 오는 게 좋겠지요?

  특히 1학년 때는 혼자서 소변을 보기에 편한 옷을 입고 가는 게 좋겠죠?

  학교든 집이든 화장실에서 볼일을 보고 나면 꼭 손을 씻도록 합니다. 특히 학교 화장실은 많은 어린이들이 사용하기 때문에 더 더러울 수 있답니다. 그렇기 때문에 화장실에서 소변이든 대변을 본 뒤에는 손을 잘 닦도록 해야 합니다. 흐르는 물에 30초 이상 손을 깍지를 껴서 닦아야 감기나 배탈 등에 걸리지 않을 수 있답니다.

즐거운 학교 점심시간

학교 점심시간도 학교마다 조금씩은 차이가 있답니다. 1학년도 월요일부터 금요일까지 학교에서 점심을 먹고 집으로 간답니다. 천천히 꼭꼭 씹어서 식사를 하고 밥을 다 먹은 뒤에는 식판을 잘 정리하도록 합니다.

식사 시간에는 돌아다니면 안 돼요. 친구들이 모두 밥을 먹고 있는데 돌아다니면 먼지도 나고 정신이 없어서 식사에 방해가 될 수 있답니다. 밥이나 반찬을 입에 넣고 말을 하면 음식물들이 입에서 튀어나올 수 있기 때문에 입안에 있는 음식물을 다 먹고 얘기하는 게 좋답니다.

그리고 자기가 좋아하는 햄이나 계란 등만 먹고 김치나 야채 등을 먹지 않는 편식은 건강에 나쁜 습관입니다. 음식을 가려 먹지 말고 골고루 먹는 습관을 들이도록 합니다.

선생님에게 도움 청하기

숙제를 못 해 왔거나 준비물 등을 안 가져왔을 때는 손을 들고 선생님께 얘기하도록 합니다. 그리고 짝꿍이 심술을 부리거나 너무 괴롭힐 때는 수업이 끝난 뒤에 선생님께 가서 얘기하도록 합니다.

컴퓨터나 스마트폰은 시간을 정해서 사용해요

요즘은 학교 수업을 컴퓨터로도 하고 숙제도 내주기 때문에 집에 돌아와서 컴퓨터를 하게 됩니다. 하지만 숙제를 한다고 핑계를 대고는 컴퓨터 게임만 하고 있다면 정말 큰일이겠죠?

너무 컴퓨터에 빠지면 눈도 안 좋아지고 친구들과 뛰어놀 기회도 없어져서 시간을 정하고 사용하는 게 좋답니다. 컴퓨터에 중독이 되면 책도 안 보고, 공부도 안 하고 매일매일 게임 생각만 하느라 학교 수업도 집중을 못하게 될 거예요. 그러니까 컴퓨터는 하루에 2시간이 넘지 않도록 하고, 알람시계로 맞추어 놓고 그 시간 동안만 하도록 합니다.

 **엄마 아빠, 보세요!**

아이를 믿고 기다려 주세요

애들이 학교에 갔다가 오면 부모님들은 아이와 속 이야기를 나누어 보세요. "선생님께 오늘 칭찬 받았니? 뭐를 잘했니? 학교가 재미있니?" 등등 아이에게 스트레스를 줄 수 있는 것들을 물어보기보다는 아이가 편안한 마음이 들 수 있도록 얘기를 시작해야 합니다.

"유치원보다 학교가 힘들지." "괜찮아 차차 나아질 거야. 다른 친구들도 너하고 같을 거야." "처음에는 학교 생활이 다 그렇단다. 엄마가 많이 도와줄게." 등등 아이가 마음을 편하게 가질 수 있도록 얘기하는 게 중요합니다.

아이의 이야기에 귀 기울이고 들어주세요

유치원에 다닐 때하고 지금 학교 생활을 하면서 가장 힘든 게 무엇인지를 물어보십시오. 그런 다음 아이가 불안해하는 게 무엇인지 귀 기울여 들어주고 편안하게 생각할 수 있도록 도와주세요.

부모님들은 내 아이가 학교에 들어가서 잘 적응하고 잘할 것이라고 처음에는 많은 기대를 합니다. 하지만 많은 아이들이 그렇지 못합니다. 그렇다고 아이 앞에서 실망감을 나타내고 "그래, 네가 뭘 잘할 수 있겠니! 밥이나 먹어라!" 등등 아이를 비하하는 말을 자꾸 하게 되면 아이는 학교 생활에 적응을 못하고 문제 학생이 될 수도 있습니다.

그렇기 때문에 이런 새 학기 증후군을 보이면 아이가 잘 적응할 때까지 엄마 아빠가 이해하고 나서서 도와주어야 합니다.

다른 집 아이와 비교하지 마세요!

입학 초기와 새 학기가 아주 중요합니다. 초기에 이런 문제를 알게 된다면 부모님이 더 많이 신경을 써서 아이가 빠른 시간 안에 학교에 적응할 수 있도록 도와야 한답니다. 엄마 아빠가 아이를 믿고 기다려 주면 아이들도 유치원 때처럼 잘할 수 있게 된답니다. 너무 조급하게 생각하지 말고 느긋한 마음을 갖는 것도 필요합니다.

선생님이 칭찬하면서 주는 스티커를 받지 못하면 아이들이 침울해하거나 부모님 눈치를 볼 수도 있습니다. 그럴 때 "다음에 잘해서 받으면 되지! 괜찮아." 이렇게 위로의 말을 해 주면 아이는 대수롭지 않게 생각하면서 넘어갈 수 있습니다.

간혹 엄마가 "앞집 수지는 스티커를 3개나 받았다고 자랑하던데, 너는 스티커 못 받았니?" 이렇게 아이에게 물으면 아이는 스스로 못났다고 생각하면서 점점 움츠러들 수 있습니다. 자신감이 사라지면 더 큰일인 거죠. 그러니 엄마 아빠는 다른 집 아이와 비교하지 말고, 실마리를 풀어 가야 한답니다.

4 궁금한 학교 수업과 생활

아이들은 학교에서 무슨 공부를 할까요? 그래서 1학년부터 6학년까지 배우는 내용을 간단하게 정리해 보았답니다. 앞으로 배울 게 뭐가 있는지 또는 관심 있는 과목은 무엇인지 스스로 한번 찾아보도록 해요.

초등학교 수업 시간

초등학교는 40분 수업에 10분 휴식을 한답니다. 하지만 대부분의 어린이들은 20분도 집중하기 힘이 들지요. 그러니 선생님이 어린이들에게 맞추어서 수업 시간을 이끌어 갈 거예요.

수업을 듣다가 선생님이 10분마다 무슨 말씀을 하는지 잘 들어보세요. 학생들이 지루해하지 않도록 수업 시간 사이사이에 재미있는 얘기를 많이 해 주실 거예요. 한번 수업 시간에 확인해 보세요.

교과서 중심으로 공부하기

교과서는 시기에 따른 아이의 언어·인지·신체·감성 발달 등을 모두 고려해서 만든 가장 좋은 교재입니다. 그래서 이것저것 많은 참고서들을 보기보다는 교과서를 갖고 어린이 스스로 공부하는 습관을 들이는 게 가장 좋답니다.

학교 수업 시간에 그날 배운 내용들을 책을 보면서 기억해 보세요. 혹시 기억이 안 나고 모르는 내용이 있으면 부모님에게 물어보고 확실히 알고 넘어가도록 합니다.

그래야 공부 스트레스가 없답니다. 학교에서 배운 내용만 확실히 안다면 공부의 기초가 튼튼해지면서 자신감도 올라갈 거예요. 그러면서 학교 생활도 즐거워진답니다. 스스로 이렇게 복습하는 습관을 들이면 엄마 아빠도 공부 걱정 때문에 학원에 보내지 않을 거예요.

1학년들은 무엇을 배우나요?

1학년들은 국어, 수학, 안전한 생활, 통합교과로 봄, 여름, 가을, 겨울이 있고, 창의, 입학 초기 활동 등에 대해서 공부를 합니다. 통합교과에 슬기로운 생활, 바른 생활, 즐거운 생활이 포함되어 있답니다.

1학년 1학기 공부 내용
국어, 수학, 통합교과(봄, 여름), 안전한 생활, 창의, 입학 초기 적응 활동
1학년 2학기 교과 과목
국어, 수학, 통합교과(가을, 겨울), 안전한 생활, 창의

창체는 '창의적인 체험 활동'을 줄인 말로서 창의적인 어린이로 교육시키기 위해서 학교마다 다양한 교육을 하고 있답니다. 또 담임 선생님이 창의적인 교육을 위해서 특별히 수업을 짜는 경우도 있습니다.

교과서가 따로 있지는 않고, 간단한 만들기, 창의적인 생각을 할 수 있는 수업 등을 한답니다. 가끔은 동영상을 보여주기도 하지요. 안전한 생활에 대한 공부도 창체 시간에 한답니다.

국어
《국어 1-1 가》, 《국어 1-1 나》, 《국어활동 1-1》 모두 3권으로 1학기 동안

국어 공부를 한답니다. 《국어활동》은 국어 시간에 배운 것을 생활 속에서 쉽게 이해할 수 있도록 만든 책이랍니다. 선생님과 같이 공부할 때도 있고 숙제로 내주기도 한답니다.

1, 2학년 국어는 특히 한글 익히기에 집중을 많이 하고, 한 학기에 한 권 이상의 책을 정해서 선생님과 함께 읽고 난 뒤에 아이들의 생각을 서로 이야기하고, 글도 쓰게 한답니다.

2학기에는 《국어 1-2 가》, 《국어 1-2 나》, 《국어활동 1-2》를 공부합니다.

수학

수학은 《수학》과 《수학익힘》 책으로 공부를 합니다. 《수학》은 학교에서 선생님하고 같이 공부를 하고 《수학익힘》은 학교에서 배운 것을 스스로 집에서 공부할 수 있도록 구성했답니다. 1학기에는 《수학 1-1》, 《수학의 힘 1-1》, 2학기에는 《수학 1-2》, 《수학의 힘 1-2》를 공부합니다.

안전한 생활

생활, 교통, 어린이의 안전, 재난 안전 등에 대해서 공부를 합니다. 생활을 하면서 닥칠 수 있는 위험한 상황들에 대해서 알려 주고, 안전하게 위험한 상황을 벗어나는 것을 가르쳐 줍니다. 다양한 놀이를 통해서 쉽게 알 수 있도록 교육을 시킨답니다.

아이들의 안전을 위협하는 일들이 많이 발생하면서 《안전한 생활》이 교과에 포함되었습니다.

1학년들의 4월 시간표 알아보기

(학교나 학급마다 요일별 수업이나 순서는 다르지만 수업 구성은 거의 같답니다).

	월	화	수	목	금
1	국어	창체	수학	국어	국어
2	수학	국어	국어	창체	수학
3	통합	국어	통합	통합	통합
4	통합	수학	통합	통합	창체
5	통합	통합	통합		

통합 시간에는 학교마다 즐거운 생활, 슬기로운 생활, 바른 생활로 나누어서 일주일 동안 수업을 한답니다.

신입생들은 학교마다 다르겠지만 1주일 정도는 3교시까지만 하고 집으로 갑니다. 그리고 2주부터는 점심 급식 지도를 한답니다. 그래서 2주 뒤부터는 점심을 먹고 하교를 하게 됩니다.

4월부터는 점심을 먹고 4, 5교시까지 수업을 하고 집으로 간답니다.

수업 시간

수업은 40분씩 하고 10분 쉬고, 다시 다음 수업을 하는 방식이랍니다. 1교시는 9시에서 9시 40분까지 하고, 10분을 쉬고 2교시는 9시 50분부터 시작해서 10시 30분에 마친답니다. 중간놀이 시간이 있는 학교도 있고 없는 학교도 있는데 이 시간에 따라서 학교별로 점심시간이 조금씩 차이가 있답니다. 대부분의 1학년들은 오후 2시 전에는 5교시 수업이 끝나게 됩니다.

1학년은 1주에 23시간 수업을 합니다

점심은 선생님 지도하에 급식실에서 하고 배식은 급식소에서, 급식소가 없는 학교는 간혹 고학년들이 와서 배식을 도와주고, 급식판 정리는 급식소에서 한답니다.

요즘도 1학년들은 국어 받아쓰기 시험을 보기는 하지만 예전같이 많이 보지는 않는답니다. 그래도 한글은 쓰고 읽을 줄 알아야 하니까 잘 알 때까지 스스로 공부를 해야겠죠?

방과후 수업은 모든 학년의 학생들이 할 수 있답니다. 저학년과 중학년 이상의 수업은 거의 같지만 수준에 따라서 수업을 한답니다.

수업 내용은 컴퓨터, 유도, 태권도, 바이올린, 플롯, 한자, 마술, 요리, 요가, 방송댄스, 미술 계통, 만들기 계통 등 아주 다양하답니다.

방과후 수업은 학원 수업 등과 겹치지만 않는다면 2~3개 정도까지 할 수 있습니다. 방과후 수업은 5시 정도면 끝이 납니다. 1학년들도 2~3개씩 방과후 수업을 들을 수 있답니다. 어린이 여러분이 하고 싶은 것을 선택해서 듣도록 해 보세요.

방학 일정 알아보기

여름방학은 1학기가 끝나는 7월 20일쯤 시작해서 8월 20일 정도랍니다(31일~35일 정도). 겨울방학은 12월 29일~2월 4일, 봄방학은 2월에 5일 정도 학교에 나오고 2주 정도의 봄방학 있습니다. 학교마다 일정에 약간의 차이가 있답니다.

2학년들은 무엇을 배우나요?

2학년 교과 과목

국어, 수학, 통합교과(봄, 여름, 가을, 겨울), 안전한 생활

통합교과에 슬기로운 생활, 바른 생활, 즐거운 생활이 포함되어 있답니다.

2학년들에게는 구구단 교육이 아주 중요하답니다. 그래서 반복 학습을 통해서 구구단을 잘 외우고 3학년으로 올라가도록 해야 한답니다.

2학년의 일주일 동안의 수업 시간은 1학년과 같이 23시간이랍니다.

학교나 학급마다 요일별 수업이나 순서는 다르지만 수업 구성은 거의 같답니다.

2학년의 수업 시간표 알아보기

	월	화	수	목	금
1	통합	국어	창체	수학	국어
2	통합	통합	통합	통합	통합
3	국어	수학	수학	통합	창체
4	수학	국어	국어	국어	통합
5	창체	창체	통합		

3학년들의 교과와 수업 시간

3학년 1학기, 2학기 교과 과목

국어, 도덕, 사회, 수학, 과학, 체육, 음악, 미술, 영어, 창의

3학년들은 교과목이 더 갈라지면서 전문적으로 수업을 받는 전담 시간이 있습니다. 2학년 때보다 좀 더 전문 교육을 받게 되지요. 영어, 체육, 도덕, 과학, 음악 등의 교과는 전담 선생님이 교육을 시킨답니다.

3학년들의 일주일 동안의 총 수업 시간은 27시간입니다.

3학년의 일주일 동안 수업 시간표

(학교나 학급마다 요일별 수업이나 순서는 다르지만 수업 구성은 거의 같습니다).

	월	화	수	목	금
1	도덕	과학	창체	국어	창체
2	체육	과학	국어	국어	수학
3	수학	수학	국어	사회	영어
4	영어	사회	체육	수학	국어
5	음악	미술	사회	체육	과학
6		미술	음악		

　3학년들에게 교과가 좀 더 나누어지면서 어려움이 있지만 그래도 새로운 교육 과정이 생기면서 어린이들이 더 흥미를 느낀다고 하네요. 그래서 3학년들이 가장 학교 생활을 열심히 한다고 합니다.

고학년들의 교과와 수업

4학년의 일주일 동안 수업 시간표

	월	화	수	목	금
1	국어	영어	국어	사회	과학
2	영어	체육	수학	수학	과학
3	도덕	국어	창체	체육	국어
4	수학	수학	사회	과학	체육
5	창체	미술	음악	국어	사회
6	음악	미술			

4학년들은 일주일 동안 총 27시간의 수업을 한답니다.

학교나 학급마다 요일별 수업이나 순서는 다르지만 수업 구성은 거의 같답니다.

4학년 1학기, 2학기 교과 과목

국어, 도덕, 사회, 수학, 과학, 체육, 음악, 미술, 영어, 창의

5학년의 일주일 동안 수업시간표

	월	화	수	목	금
1	국어	국어	수학	국어	영어
2	체육	영어	수학	국어	체육
3	영어	보건	영어	체육	수학
4	사회	수학	창체	도덕	국어
5	미술	과학	실과	사회	음악
6	미술	과학	실과	사회	음악

5학년들은 일주일 동안 총 수업 30시간을 공부를 한답니다.

5학년 1학기, 2학기 교과 과목

국어, 도덕, 사회, 수학, 과학, 실과, 체육, 보건, 음악, 미술, 영어, 창의

5학년들은 대체로 사춘기에 접어들기 때문에 엄마에게 짜증을 많이 내고, 자기도 모르게 반항을 하게 되지요. 이럴 때는 무턱대고 짜증을 내기보다는 담임 선생님과 친구에게 얘기를 해서 그런 감정을 풀도록 해요.

물론 쉽게 마음이 가라앉지는 않겠지만 왜 그렇게 짜증을 내고, 불만이 생기는지 등을 스스로 자꾸 알려고 노력하다 보면 어느 순간 그런 마음들을 스스로 조절할 수 있답니다.

엄마에게 함부로 대하고 소리치는 것은 잘못된 행동입니다. 엄마나 아빠도 아이들이 소리치거나 짜증을 많이 내면 상처를 크게 입는답니다.

사춘기 감정 조절하는 연습하기

사춘기라서 감정을 조절하기 힘들기는 하지만 그렇다고 부모에게 함부로 소리치고 멋대로 굴면 안 된답니다. 이 시기에 정 힘들면 엄마에게라도 솔직히 얘기를 하고 자기만의 시간을 갖도록 노력하는 게 좋습니다. 그 시기에 필요한 책을 읽고, 친구와 서로의 감정에 대해서 얘기하는 것도 많은 도움이 된답니다.

성에 대한 교육을 학교 보건 선생님이 시킬 때 궁금한 것이 있으면 부끄러워하지 말고 물어보도록 합니다.

6학년의 일주일 동안 수업시간표

	월	화	수	목	금
1	수학	영어	수학	영어	국어
2	도덕	과학	발명	체육	국어
3	체육	과학	창체	수학	영어
4	국어	수학	국어	국어	사회
5	체육	실과	사회	음악	미술
6	사회	실과	음악	과학	미술

6학년들의 일주일 동안 총 수업 시간은 30시간입니다

학교나 학급마다 요일별 수업이나 순서는 다르지만 수업 구성은 거의 같답니다.

6학년 1학기, 2학기 교과 과목:

국어, 도덕, 사회, 수학, 과학, 실과, 체육, 보건, 음악, 미술, 영어, 창의

6학년들은 1년 뒤에 중학교에 가기 때문에 공부에 좀 더 집중해야 합니다. 모자라는 공부가 있다면 시간을 내서 부족한 것을 채우도록 해야겠지요. 그래야 중학교에 가서 잘 적응할 수 있답니다.

🎵 **엄마 아빠, 보세요!**

1학년들의 초기 교육 내용

요즘 1학년들은 입학식을 하고 담임 선생님을 소개한 뒤에 바로 교실에 가서 학교 생활을 잘하기 위해서 필요한 교육들을 받는답니다. 강당이나 운동장에서 일주일 이상 단체로 교육을 받기도 하는데 학교마다 차이가 있답니다.

1학년 입학생들을 위해서 3월에는 '입학 초기 적응 활동'이라는 교육을 시키기도 하고, 담임 선생님들이 특별히 만든 학습지 등으로 지도를 하기도 한답니다. 대부분 학교에서 다음과 같은 교육을 시킨답니다.

학교에 대해서 교육시키기

우선 학교에 들어온 신입생들에게는 자신이 다니는 학교에 대해서 가장 먼저 교육을 합니다. 예를 들어서 학교 이름, 교가, 학교 시설 이름과 위치, 기능 등을 알고 바르게 이용하기 등을 가르친답니다.

그리고 두 번째로는 우리 반 위치, 키 순서에 맞게 줄서기, 앞뒤 친구 익히기, 자기 자리, 질서 있게 드나들기, 신발장 이용하기, 친구에게 자기 소개하기 등에 대해서 설명을 한답니다.

세 번째로는 '시설물 이용하기'로 직접 다니면서 시설물 이용하는 것을 소개하고, 교육 시설 등도 돌아보게 한답니다. 또 학교를 위해서 일하는 분들을 소개하기도 합니다.

네 번째로는 바른 학교 생활을 위해서 할 일 등을 가르칩니다. 예를 들면 차례대로 줄서기, 우측 보행, 위험한 행동하지 않기, 차 조심, 교통지도, 친구들과 사이좋게 지내기, 물건 제자리에 두기, 쓰레기 아무 곳에 버리지 않기, 바른

자세로 선생님 말씀 듣기, 학습용구들 바르게 사용하기 등을 교육시킨답니다.

즐거운 학교 생활을 위해서 알아야 할 것들

그리고 다섯 번째로는 즐거운 학교 생활을 하기 위해서 필요한 것들을 가르친답니다. 나와 가족 소개하기, 새로운 친구 사귀기, 다른 친구 배려하기, 친구 도움 필요할 때 돕기, 친구와 한 약속은 꼭 지키기 등등 사회 생활을 하기 위해서 필요한 것들을 알도록 합니다.

3월이나 4월쯤 담임 선생님이 학부모들을 학교로 초대해서 학급 운영과 어린이 지도 방향 등을 설명하기도 한답니다. 아이들에게 나중에 문제가 생기면 선생님과 학부모가 문제 해결을 위해서 서로 긴밀한 대화를 하기 위해서랍니다. 학교와 학부모가 서로 어린이들을 위해서 신경을 많이 쓰다 보면 달라진 환경에 아이들이 빨리 적응할 수 있기 때문입니다.

특히 신입생에게는 1개월의 적응 기간이 있습니다. 학부모들은 이러한 1학년들의 초기 적응 교육 내용들을 미리 챙기고, 아이들을 도우면 아이들의 학교 적응이 훨씬 빨라질 것입니다.

알고 싶고 재미있는 학교 이야기

*알퐁스 도데의 〈마지막 수업〉

'학교에 가지 말까?'

프란츠는 오늘 아멜 선생님이 프랑스 문법에 대해서 물어본다고 했는데, 숙제를 안 해서 학교에 가는 것을 망설이고 있었습니다. 숙제 때문에 선생님에게 혼이 날까 봐 걱정이 되었답니다.

'오늘 수업에 가지 말고, 들판에 가서 그냥 뛰어놀까!' 이런 생각까지 하다가 프란츠는 학교에 가기로 다시 마음을 다잡았답니다.

면사무소 앞에 오니 게시판에 많은 사람들이 모여 있는 게 아니겠어요!

'왜 이렇게 많은 사람들이 모여 있지? 무슨 일이 났나?' 하고 생각을 하다가 언제나 이 게시판에는 좋지 않은 소식들만 붙어 있었던 생각이 나서 그냥 지나갔답니다.

"오늘은 늦어도 되니까 너무 뛰지 마라!"

그때 그곳에 있던 마을 대장장이 아저씨가 프란츠에게 소리를 지릅니다.

"오늘은 늦어도 되니까, 너무 뛰지 마라!"

프란츠는 대장장이 아저씨가 자기를 놀리는 거라고 생각해서 더 빨리 뛰었습니다.

지각을 했는데 선생님이 혼을 내지 않았어요

숨을 몰아쉬면서 학교에 도착해서 보니, 학교가 일요일처럼 조용했습니다.

프란츠는 지각을 한 게 걱정도 되고 부끄러운 생각도 들어서 교실 뒷문을 살며시 열고 들어갔습니다.

그런데 아멜 선생님이 혼을 내는 게 아니라 오히려 아주 부드러운 목소리로 말했습니다.

"네 자리에 가서 어서 앉아라, 프란츠. 하마터면 너를 빼고 수업을 시작할 뻔했구나!"

프란츠는 선생님의 태도에 좀 얼떨떨했습니다. 그런데 자리에 앉으면서 보

니, 선생님이 특별한 날에만 입는 예복을 갖추어서 입었다는 것을 알았습니다.

그리고 교실 분위기가 아주 무겁다고 느꼈고, 마을의 어른도 뒤에 많이 앉아 있는 게 눈에 들어왔습니다.

'무슨 일이지? 왜 이렇게 조용하고, 엄숙한 얼굴들이지?'

프란츠는 놀란 얼굴로 교실 뒤를 바라보았습니다.

오늘은 마지막 수업 시간입니다!

그때 아멜 선생님이 교단으로 올라가서 나지막하고, 무거운 목소리로 말했습니다.

"오늘이 여러분들에게 프랑스어로 가르칠 수 있는 마지막 수업 시간입니다. 알자스와 로렌 지방에 있는 학교들은 이제부터는 독일어로만 가르치라는 명령이 베를린으로부터 왔습니다. 그래서 오늘이 마지막 프랑스어 수업 시간입니

다. 그러니 모두들 잘 집중해서 들어주기 바랍니다!"

프란츠는 이 말을 듣고는 갑자기 어질어질했습니다.

'우리는 언제나 내일도 시간이 있으니까… 내일 하면 되지!'

'동네 면사무소 게시판에 붙은 종이 내용이 바로 이거였구나!'

프란츠는 숙제를 하지 않았기 때문에 프랑스어 문법을 외워서 하는 대답을 잘하지 못했습니다. 그러나 선생님은 프란츠를 야단치지 않았습니다.

"프란츠는 이미 마음속으로 반성을 하고 있을 테니까, 뭐라고 하지는 않겠다. 그리고 프란츠뿐만 아니라 우리들은 언제나 '내일도 시간이 있으니까, 내일 하면 되지!' 하고 무슨 일이든 미루기를 잘하잖니. 그건 너만 잘못한 게 아니라 우리 모두가 잘못을 하고 살고 있으니…."

그러면서 아멜 선생님은 프랑스어로 수업을 계속했습니다.

"프랑스어는 정말 세계에서 가장 아름답고 명확한 언어랍니다. 그래서 프랑스어를 꼭 잊지 말고 지켜내야 합니다."

성당 시계가 12시를 알리는 종을 울렸어요

엄숙한 분위기 속에서 문법과 쓰기 등의 시간을 마치자 성당 시계가 12시를 알리는 종을 울렸습니다.

시계 소리와 동시에 프로이센 군인들의 나팔 소리가 크게 울려 퍼졌습니다. 그 순간 아멜 선생님의 얼굴은 하얗게 질렸습니다. 탁자를 붙잡은 채 할 말을 잇지 못했습니다.

"여러분, 나는… 여러분, 나는…."

그러다가 칠판을 향해서 몸을 돌린 뒤에, '프랑스 만세!'라고 아주 크게 썼답니다.

여러분은 이 〈마지막 수업〉 얘기를 읽고는 어떤 생각이 드나요? 우리도 내일부터 한글로 수업을 못 한다고 생각을 하면 어떤 마음이 들까요?

*알퐁스 도데
 (1840~1897년: 프랑스의 프로방스 지방에서 태어난 소설가)

〈마지막 수업〉은 알퐁스 도데의 짧은 단편 작품입니다. 프랑스와 독일의 경계 지역인 알자스와 로렌 지역에 전쟁이 벌어지던 때를 배경으로 한 이야기이지요. 프랑스 알자스에 사는 '프란츠'라는 소년의 마지막 수업 이야기가 줄거리랍니다.

5 어떻게 즐거운 학교를 만들까요?

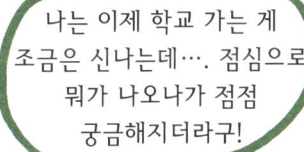

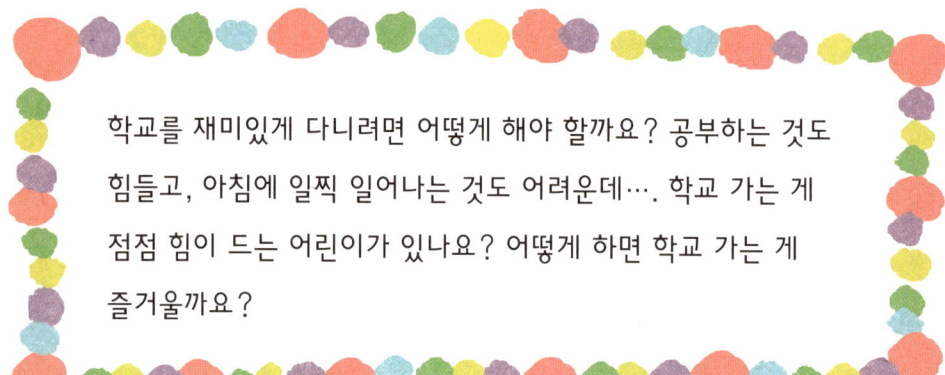

학교를 재미있게 다니려면 어떻게 해야 할까요? 공부하는 것도 힘들고, 아침에 일찍 일어나는 것도 어려운데…. 학교 가는 게 점점 힘이 드는 어린이가 있나요? 어떻게 하면 학교 가는 게 즐거울까요?

친구를 사귀면 학교 가는 게 즐거워져요

 "민서야, 우리 반의 한 친구는 학교에만 오면 배가 자꾸 아프대."

"우리 반에도 그런 애가 있는데…. 왜 그럴까?"

연이가 민서를 바라보면서 고개를 까우뚱합니다.

"학교에 오기 싫어서 그런 게 아닐까?"

민서는 연이 얘기를 듣고는 고개를 끄덕끄덕합니다.

어린이들 가운데 학교에만 가면 간혹 배가 아프거나 머리가 아픈 아이들이 있나요? 환경이 바뀌면서 적응이 안 되어서 이런 일이 생길 수 있어요. 점심을 먹고 토하는 어린이는 없나요? 이럴 때는 집에 가서 엄마 아빠에게 솔직히 얘기하는 게 좋답니다. 그래야 문제를 해결할 수 있기 때문입니다. 혼자서 끙끙대지 말고 꼭 선생님이나 부모님에게 솔직하게 얘기하고 마음 편하게 학교 다닐 수 있도록 해야 합니다.

같은 반 어린이부터 친구로 만들어요

처음에는 아는 친구도 없고, 공부하기도 벅차서 그럴 수 있어요. 특히 새

학기에는 1학년들뿐만 아니라 모든 어린이들이 그렇게 느낄 수 있답니다. 낯선 교실과 선생님, 친구들까지 모두 바뀌고, 공부하는 내용들도 더 어려워지니까 학교가 재미없다고 느낄 수 있답니다.

새 학기만 잘 보내면 학교가 즐거워져요

하지만 새 학기만 잘 보내면 학교 생활이 다시 즐거워질 수 있습니다. 그러기 위해서는 가장 먼저 같은 반 어린이들을 빨리 친구로 사귀어 보세요. 학교에서 마음이 잘 통하는 친구가 생기면 서로 속 얘기도 하고, 힘든 일도 말하다 보면 마음이 편해지면서 학교 생활도 즐거워질 거예요.

친구가 준비물을 깜박 잊고 오면 자기 것을 함께 쓸 수 있게 해 주고, 쉬는 시간에 잠시라도 운동장에 나가서 달리기라도 하고 오면 기분이 좋아지겠죠!

학교에서는 또래 친구들이 많이 있어서 정말 마음이 더 잘 통할 수도 있답니다. 물론 가끔 다툴 때도 있겠지만 친구이기 때문에 서로 이해하고 배려하다 보면 몸과 마음이 건강하게 함께 성장할 거예요. 여러분들은 이름만 생각해도 절로 미소가 지어지는 친구가 있나요?

이런 친구가 없다면 꼭 만들어 보세요.

어떻게 친구를 사귈까요?

친구로 사귀고 싶은데 먼저 말을 꺼내기가 어려워서 망설이는 어린이가 있나요? 그럼, 그 친구에게 먼저 다가가서 놀자고 해 보세요.

"안녕, 내 이름 알지? 나 민서야. 우리 오늘 점심시간에 밥 빨리 먹고 공놀이 할래? 함께 놀면 재미있을 것 같아!"

밝게 웃으면서 얘기를 하면 모든 어린이들이 이렇게 말할 거예요.

"그래, 같이 놀자!"

처음부터 친구인 어린이는 없어요

처음부터 친구인 어린이들은 없어요. 서로 놀고, 얘기하는 시간이 길어지면서 점점 좋은 친구가 되는 거랍니다. 속상한 일이 생기면 들어주고 위로해 준다면 세상에서 가장 소중한 사이가 될 거예요.

학교는 좋은 친구를 많이 사귈 수 있어서 정말 좋은 곳이랍니다. 어린이 여러분들 가운데 학교 가기 싫고, 공부도 점점하기 싫어진다면 가장 먼저

친구부터 사귀어 보세요. 마음을 나눌 수 있는 친구가 있다면 학교 가는 것도 함께 공부하는 것도 점점 재미있어질 거예요.

배려심이 있으면 친구들이 많아져요!

반 친구들과 잘 지내고 반에서 하는 일도 즐거운 마음으로 하는 아이, 거친 행동이나 말을 하지 않는 어린이라면 누구에게나 사랑을 받을 수 있답니다. 예의도 바르고 친구들에게 배려하는 마음까지 있다면 학교 생활을 잘할 수 있겠죠! '웃는 얼굴에 침 못 뱉는다.'라는 속담이 있잖아요. 항상 웃으면서 친구들에게 다가간다면 서로 마음을 열고 얘기할 수 있는 친구 사이가 될 거예요.

하지만 초등학교 1학년 아니 3학년이라도 다른 어린이들에게 마음을 써 주는 배려심이 생기기는 그렇게 쉽지 않답니다. 문제가 생겼을 때 친구의 상황을 이해하고 생각하는 훈련을 한다면 점차 남을 배려하는 마음이 생기겠죠.

어른들이 잘 쓰는 '역지사지'라는 말이 있잖아요. 상대방의 처지를 자신의 입장으로 생각해 보는 것을 말하지요. 이런 역지사지하는 마음이 있어야 배려하는 마음도 생기겠죠?

자기와 다르다고 따돌림하면 안 돼요!

학교 생활을 하면서 서로서로 배려하는 마음이 있다면 즐거운 생활을 할 수 있을 거예요. 무조건 친구를 무시하고 자기와 다르다고 따돌림한다면 학교 생활이 그 친구들에게는 감옥처럼 느껴질 거예요.

특히 다문화 가정의 아이들을 따돌리고 무시하는 아이들이 있는데 절대 그러면 안 됩니다. 그 어린이들도 피부색만 다를 뿐 생각하는 것이나 생활하는 것들은 모두 우리와 같기 때문입니다. 그렇게 하면 많은 상처를 받게 된답니다. 누구든 상처를 주고 함부로 말할 권리는 없으니까요.

이렇게 같은 반이든 다른 반 어린이들의 마음을 상하게 하고 좌절하게 만드는 친구가 있다면 그건 정말 나쁜 어린이랍니다. 그 친구는 평생 동안 상처를 안고 갈 수도 있고, 그 이유 때문에 학교까지 안 나오게 된다면 정말 큰 죄를 짓는 것이랍니다. 학교는 공부도 중요하지만 좋은 성품을 갖은 사람으로 성장하는 것도 중요하기 때문입니다.

수업 시간에 집중하면 공부가 재미있어요!

공부를 잘 못해도 수업 시간에 선생님 말씀을 잘 듣고 집중한다면 선생님도 칭찬할 거예요. 이런 성실한 태도가 계속되면 당연히 공부에도 흥미를 느끼게 되겠지요. 뭐든 흥미가 있어야 호기심도 생기고 그러면서 재미도 느끼게 되니까요. 공책에 모르는 것들은 정리해서 쉬는 시간에 선생님께 물어보도록 해요.

수업 시간에 떠들거나 학교에 늦어서 선생님께 꾸중을 들어도 다시는 그러지 않기 위해서 노력하는 모습을 보인다면 선생님도 칭찬할 거예요.

이렇게 학교 생활에 적응하면서 친구들과의 관계도 잘 풀어 간다면 학교 가는 게 점점 즐거워지겠죠!

친구에게 배울 점이 있다면 본받으세요!

그리고 친구가 칭찬을 받으면 질투하거나 경쟁심을 갖기보다는 친구에게 좋은 말을 해 주고 자신도 친구처럼 성실한 모습을 보여야겠다고 생각해 보세요. 선생님은 한 아이만 칭찬하는 게 아니라 누구든 열심히 하려는 성실한 모습을 보인다면 칭찬을 아끼지 않는답니다.

나도 이런저런 점은 저 친구처럼 노력을 해 봐야겠다고 생각하고 실천하는 게 아주 중요하지요. 아무 노력을 하지 않았는데 마음이 넓어지고 공부까지 잘할 수는 없습니다.

수업 시간에 선생님 말씀 잘 듣는 방법

초등학생들은 수업 시간에 선생님 말씀을 10분 이상 집중하기 힘들 수 있어요. '아, 나는 선생님이 얘기만 하면 졸려.' '선생님 얘기를 처음에는 잘 알겠는데, 조금 있으면 무슨 말인지 모를 때가 있어.' 이런 어린이들 있죠? 선생님 말이 맞다고 생각하면 손들어 봐요? 아마도 1학년들은 학교 생활이 처음이어서 긴장해서 더 그럴 수 있어요.

하지만 이런 생활이 계속되면서 학교 가기 싫어지고 숙제도 안 해 가게 되고 공부도 재미없어지면 어쩌죠? 처음에는 선생님 말씀에 5분만이라도 집중해 보세요. 선생님 눈을 바라보고 무슨 말씀을 하는지 집중하다 보면 점차 집중하는 시간이 5분에서 10분 15분까지 늘려 갈 수 있답니다.

모르는 게 있으면 그때그때 선생님께 물어보세요

수업 시간에 집중해서 선생님 말씀을 들었는데도 잘 모르겠으면, 쉬는 시간에 선생님께 꼭 물어보세요. 모르는 것을 물어보는 것은 잘못된 일이 아니랍니다. 오히려 모르는 데도 아는 체를 한다든지, 그냥 자꾸 넘어가다 보면 모르는 게 너무 많아져서 나중에는 수업 내용을 따라갈 수 없어질 거예요.

그렇기 때문에 1학년, 2학년 때부터 모르는 것은 질문해서 꼭 알고 넘어가는 습관을 들이도록 해야 합니다. 그래야 혼자 공부할 때도 즐겁게 공부할 수 있답니다.

학교에서 미래의 꿈을 키우세요

우리 어린이들은 학교에 다니면서 자신이 좋아하는 것과 하고 싶은 것이 무엇인지를 차츰 알아가게 된답니다. 그래서 초등학교 1학년 때의 생각과 6학년이 되었을 때의 꿈이 다를 수 있지요. 어린이들도 몰랐던 자신의 재능이나 호기심을 알아가는 과정에 있기 때문입니다.

내가 좋아하는 것이 무엇일까요?

어린이들은 '나는 어른이 되면 과학자가 될 거야!' '나는 그림을 그리는 화가가 될 거야!' '나는 좋은 아빠가 되고 싶어.' 등등 각각 이런 미래의 꿈을 생각하면서 공부를 하게 됩니다.

이루려고 하는 꿈이 없다면 뭐든 게 하기 싫을 거예요. 엄마나 아빠가 "공부해라, 책을 많이 읽어라!" 하고 말씀하는 얘기 때문에 무조건 공부를 한다면 얼마 못 가서 공부하기가 정말 싫어질 거예요.

처음부터 자신의 꿈이 무엇인지를 알기는 어려워요. 그러니까 초등학생들은 너무 마음을 급하게 먹으면 안 되겠지요? 물론 어려서부터 자신의 꿈을 확실하게 정한 어린이들도 있을 거예요.

예를 들면 밤하늘의 별을 매일 관찰하는 민서의 누나 은서는 별빛의 색깔, 크기, 모양 등을 관측하면서 별의 세계에 빠져들었답니다. 그래서 은서는 천문학자가 되기로 어려서부터 마음을 먹었답니다.

꿈을 찾으면 학교 생활이 재미있어요

우리 어린이들도 무엇인가를 하면서 시간 가는 줄 몰랐던 때가 있을 거예요. 이런 일이 계속된다면 '내가 이런 것을 좋아하는구나!' 하고 한번 스스로 돌아보세요.

왜냐하면 앞으로 그게 자신이 하고 싶은 일이나 꿈이 될 수 있으니까요. 우리는 꿈이 없이 살기는 힘이 든답니다. 그러니까 어린이 여러분들도 학교 생활을 하면서 내 꿈이 뭔가를 찾아가면 좋겠습니다. 꿈을 찾으면 그것을 이루기 위해서 많은 노력을 하게 되잖아요. 꿈을 이루기 위해서 공부를 하면서 학교 생활도 점점 흥미롭고 즐거워진답니다.

학교에서 친구들과 잘 지내기

친구들과 잘 지내려면 친구가 얘기할 때 눈을 바라보면서 듣는 게 좋습니다.
친구가 자기 생각과 같은 얘기를 할 때는 고개를 끄덕이거나 하이파이브 등을 하면
더 빨리 친해질 수 있답니다.

친구에게 모르는 것은 물어보세요

자신이 모르는 것을 친구가 잘 아는 것 같으면 친구에게 물어보세요. 모르는데도
아는 척을 하면서 계속 넘어가면 나중에는 공부를 아예 포기할 수도 있습니다.
그러니까 친구에게라도 꼭 물어보세요.

내가 알고 있는 것은 친구에게 잘 설명해 주세요

그리고 자기가 잘 알고 있는 것을 친구가 모르는 것 같으면 무시하거나
우쭐대지 말고 잘 설명해 주세요. 학교는 친구들과 함께 성장해 가는 곳입니다.
친구들은 경쟁에서 이겨야 하는 적이 아니라 서로 돕고 마음을 나누면서 함께
커가는 벗이랍니다.

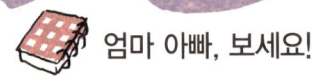 **엄마 아빠, 보세요!**

아이의 자존감 높이는 방법

엄마 아빠들이 집에서 자주 하는 말이 "네가 뭘 하겠니! 그럴 줄 알았다!" 이런 말들을 아이들에게 많이 하는데 이런 말은 아이의 자존감을 낮추게 됩니다. 이런 결과가 나오는 것은 대부분 아이 탓이 아니라 부모님들 때문입니다.

작은 성공을 많이 할 수 있게 도와주세요

아이들도 작은 성공을 많이 이루고, 스스로에 대해서 대견한 마음을 갖게 되면 자신감도 높아지면서 자존감도 높아집니다. 그렇기 때문에 집에서 아주 사소한 일이라도 아이가 잘한 일이 있다면 많이 칭찬해 주세요.

"에게, 이걸 뭐하러 했니? 이게 뭐니!" 이런 말보다는 "잘했네. 너니까 이렇게 해냈구나! 이런 생각을 어떻게 했지?" 등등 격려도 많이 해 준다면 아이는 스스로의 능력을 믿고 무슨 일이든 잘 해낼 수 있게 된답니다.

칭찬을 아끼지 마세요

물론 어른들의 눈으로 보기에는 하찮을 수 있습니다. 하지만 작은 것에서부터 마음으로 칭찬을 아끼지 않는다면 아이들은 점차 자신감을 갖게 됩니다. 그러면서 긍정적인 아이로 자라게 된답니다.

학교 생활도 엄마 아빠가 이렇게 긍정적으로 얘기를 해 준다면 밝게 그리고 자신감을 갖고 잘 해나갈 수 있답니다.

초등학교 때부터 부모님이 이런 모습으로 계속 용기를 북돋워 주고 의욕이 생기도록 한다면 중학교, 고등학교에 가서도 공부에 흥미를 느끼고 잘 해나갈 수 있답니다.

재능을 찾아주세요

공부를 열심히 하는 것 같은데 결과가 계속 나쁘게 나온다면 그 어린이는 아마도 다른 분야에 재능이 있을 거예요. 축구를 잘한다거나 그림을 잘 그린다거나 글을 잘 쓴다거나 하는 숨어 있는 재능을 아이와 함께 찾아보세요.

공부만 최고는 아니니까요. 아이가 즐겁게 잘할 수 있는 것을 찾는다면 스스로를 사랑하는 마음인 자존감도 높아지면서 미래의 꿈도 함께 키워갈 수 있답니다.

 알고 싶고 재미 있는 학교 이야기

*이태석 신부님이 세운 아프리카 학교

이태석 신부님은 2001년 11월에 아프리카의 수단이라는 나라로 떠났습니다.
'수단은 지구에서 가장 가난한 나라니까, 내가 가서 할 일이 많을 거야.'
수단은 정말 세상에서 가장 가난한 나라랍니다. 그래서 신부님은 자신이 할 수 있는 일이 더 많을 거라고 생각해서 그곳으로 갔답니다.

더러운 강물을 마시는 사람들을 위해서 우물을 팠어요

이 신부님은 수단에 가자마자 신부로서의 활동뿐만 아니라 말라리아와 콜레라 등으로 죽어 가는 수단 사람들을 치료했습니다.
"여러분, 줄을 차례로 서세요. 제가 모두 진료를 해 드릴 테니 걱정 말고 차례를 기다리세요."
수단은 식수가 따로 없이 더러운 강물을 먹으면서 생활해서 콜레라 환자들이 정말 많았습니다. 그래서 많은 사람들이 해마다 콜레라로 죽는 것을 보고는 주민들과 함께 우물을 파서 더 이상 더러운 물을 마시지 않도록 했답니다.

 그리고 이 많은 환자들을 진료하기 위해서 진흙과 짚 등을 엮어서 남 수단 톤즈에 움막 진료소도 만들고, 병원을 짓기 위해서 조감도까지 직접 그리기까지 했답니다. 그래서 주민들과 함께 벽돌을 만들어서 튼튼한 병원을 지었답니다.

'학교를 세워서 교육을 시켜야겠다'

 그러면서 수단 사람들이 세상에서 가장 가난할 수밖에 없는 이유는, 학교 교육을 받을 수 없기 때문이라고 생각했답니다. 남 수단 '톤즈'에는 학교가 아예 없었습니다. 신부님은 성당과 학교 가운데 무엇을 먼저 지어야 하나 고민했습니다.

'아마도 하나님도 학교를 먼저 지으라고 하실 거야!'

더 급한 게 아이들을 교육시킬 수 있는 학교라고 생각하고는 주민들과 함께 학교를 지었습니다. 더위에 지칠 때도 많았지만 힘을 모아서 마침내 톤즈에 초등학교의 문을 열었답니다.

"신부님 만세! 만세!"

"신부님 감사합니다!"

톤즈의 주민들과 아이들은 학교가 문을 여는 날 너무 좋아서 이렇게 소리를 쳤답니다.

초등학교에서 시작한 학교 세우기는 다시 중학교, 고등학교까지 이어졌습니다. 신부님은 이제 아이들이 가난에서 벗어날 수 있고, 밝은 미래를 꿈꿀 수 있다고 생각했습니다.

이태석 신부님이 만든 밴드부

그리고 신부님은 수단에서 일어난 남북 전쟁으로 많은 사람들이 몸과 마음에 큰 상처를 입었다고 느꼈습니다. 그래서 아이들과 함께 밴드를 구성했지요. 어른과 아이들의 마음을 치료하고 또 즐거운 연주도 하기 위해서였습니다. 이 밴드가 나중에는 수단 정부의 초청까지 받았답니다. 그래서 많은 환영을 받으면서 연주를 했지요.

신부님은 항상 수단 사람들이 앞으로 어떻게 살아야 할지에 대해서 많은 생각을 했습니다. 그래서 '수단 아이가 한국에 가서 의대 공부를 하면 어떨까?'란 생각까지 하게 되었답니다.

토마스를 한국으로 유학을 보냈어요

어느 날 신부님은 옆에서 일을 돕던 열 살 소년인 토마스를 한국에 보내기로 결심을 합니다.

"토마스, 한국에 가서 공부해 보지 않을래?"

토마스는 커다란 눈망울을 굴리면서 놀란 얼굴로 대답을 합니다.

"저는 한국 말도 모르고, 가난해서 유학 갈 돈도 없는데 어떻게…."

신부님은 어린 토마스의 눈을 쳐다보면서 힘 있는 목소리로 말했습니다.

"네가 지금 여기서 공부하는 것처럼만 하면, 한국어도 잘 할 수 있단다. 돈은 내가 장학금을 알아봐 줄 테니 걱정 말고."

"정말이에요? 그런데 제가 정말 잘 할 수 있을까요?"

"걱정하지 말고 스스로를 믿고 지금처럼 열심히만 하면 된단다."

토마스는 신부님 뜻에 따라 2009년 12월에 한국에 왔답니다. 그리고 2년 동안 한국어 공부를 해서 한국어 능력 시험에 마침내 합격을 했습니다.

신부님이 많이 아파요!

하지만 이 신부님은 토마스가 의과대학에 들어가는 것을 보지 못하고 2010년 한국에서 안타깝게 돌아가셨답니다. 아프리카에서 자신의 몸을 돌보지 않고 너무 많은 일을 하다가 병이 났기 때문입니다. 신부님은 앞으로도 할 일이 정말 많은데 더 이상 할 수 없다는 것 때문에 가슴 아파했지요.

토마스는 이 신부님을 눈물로 보내고는 2012년 신부님과 같은 대학인 인제대학교 의과대학에 합격했답니다. 그리고 그 소년이 드디어 2018년 청년이 되어서 의과대학을 졸업했습니다.

마침내 토마스는 한국에서 의대를 졸업했어요

졸업을 하면서 토마스는 이렇게 말했어요.

"꼭 훌륭한 외과 의사가 되어서 고향으로 돌아가고 싶습니다. 한국어를 배우고 의대 공부를 하는 게 정말 어려웠지만 이태석 신부님을 생각하면서 공부했습니다."

아프리카에서 자신들을 위해서 그렇게 많은 일을 한 신부님을 생각하면, 허투루 시간을 보낼 수 없었다는 말이겠지요.

"외과 전문의 과정이 아주 어렵고 힘들겠지만 이 신부님이 지나온 길을 따라갈 수 있도록 더 열심히 하겠습니다."

토마스의 목표는 훌륭한 외과 전문의가 되어서 자신의 고향으로 돌아가서 가난한 사람들을 치료하는 것이라고 합니다.

아프리카의 소년이 못 먹고, 더럽고, 힘든 생활 환경에서도 공부를 해서 마침내 꿈을 이루어 가고 있습니다.

*이태석(1962~2010년)

한국에서 의과대학을 졸업하고 신부가 되었으며 아프리카 수단에 병원과 학교 등을 세우고 가난한 수단 사람들과 어린이들을 위해서 헌신을 했답니다.

명주어린이 시리즈 10

나는 나를 사랑해요

초판 1쇄 발행 | 2018년 4월 5일

글 | 손경애
그림 | 최은영

펴낸이 | 손경애
펴낸곳 | 도서출판 명주
디자인 | 은디자인(김은경·김경아)
출판등록 | 2011년 7월 20일(제 301-2013-083)
주소 | 서울특별시 중구 을지로 3가 을지빌딩 별관 404호, 대한민국
전화 | 070-7565-6670
팩스 | 02-6008-5666

ISBN 978-89-6985-012-6 74180
ISBN 978-89-6985-000-3(세트)

ⓒ 손경애, 최은영 2018

정가 12,000원

* 8세 이상 어린이들을 위한 책입니다.

> 이 도서의 국립중앙도서관 출판예정도서목록(CIP)은
> 서지정보유통지원시스템 홈페이지(http://seoji.nl.go.kr)와
> 국가자료공동목록시스템(http://www.nl.go.kr/kolisnet)에서
> 이용하실 수 있습니다.
> (CIP제어번호: CIP2018007569).

* 잘못된 책은 바꾸어 드립니다.